もくじ

教育出版版 国語 2年 準拠

きょうかしょ上

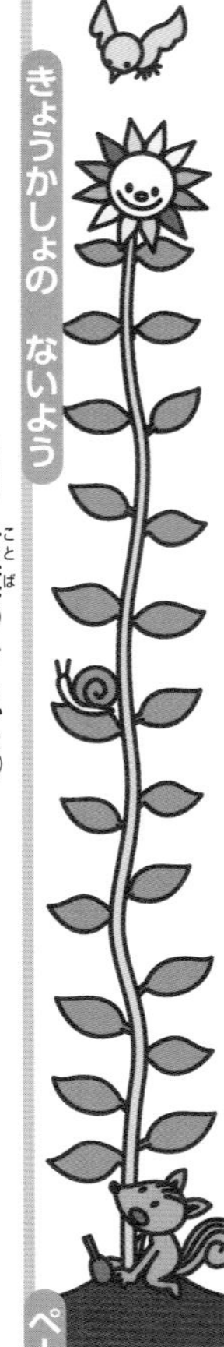

きょうかしょ 下

きほん 1

すごろくトーク　つづけて　みよう　――日記　ちいさい　おおきい

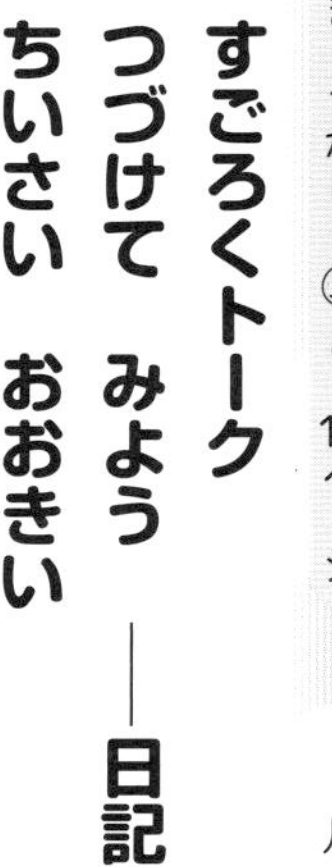

月　日

10ぷん　／100てん

1 ――の　漢字(かん)の　よみがなを　書きましょう。　一つ10〔60てん〕

(1) できごとを　書く。（　　）

(2) 日記を　ひらく。（　　）

(3) 生活を　ふりかえる。（　　）

(4) あすは　日曜日。（　　）

(5) 朝が　きた。（　　）

(6) 友だちと　あそぶ。（　　）

2 つぎの　えの　ばめんでの　こえの　大きさが　小さい　ものから　じゅんに　ア〜エの　記号(ごう)を　ならべましょう。　ぜんぶできて〔40てん〕

（　　）→（　　）→（　　）→（　　）

ア　イ　ウ　エ

こたえは65ページ

かくにん 1

すごろくトーク
つづけて みよう ――日記
ちいさい おおきい

きょうかしょ㊤8～14ページ

月　日

10ぷん

／100てん

1 □に あてはまる 漢字(かん)を かきましょう。 一つ10〔60てん〕

(1) 文を □(か)く。

(2) え □□(にっき)

(3) 町で □□(せいかつ) する。

(4) □□□(にちようび)

(5) さわやかな □(あさ)。

(6) クラスの □(とも)だち。

2 下の えを 見て、(　)に 「おおきい」か 「ちいさい」の どちらかを えらんで かきましょう。 一つ10〔40てん〕

(1) わたしから 見て、
ありは (　　　　)。

(2) かえるから 見て、
ぞうは (　　　　)。

(3) ありから 見て、
かえるは (　　　　)。

(4) ぞうから 見て、
わたしは (　　　　)。

ぞう　わたし　かえる　あり

こたえは65ページ

きほん 2

はるねこ (1)

きょうかしょ㊤16～31ページ

月　日

10ぷん　／100てん

1 ——の　漢字(かん)の　よみがなを　書きましょう。　一つ10〔60てん〕

(1) 一通(　　)の　手がみ。

(2) わか草色(　　)の　ふくろ。

(3) できごとを　思(　　)い出す。

(4) 今(　　)ごろ　気づく。

(5) 声(　　)が　きこえる。

(6) 何(　　)かが　うごく。

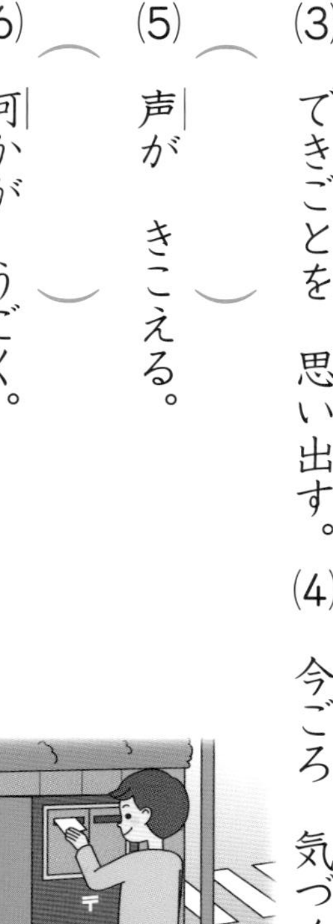

2 (　)に　あてはまる、様子(よう)を　あらわす　言葉(ば)を、□から　えらんで　書きましょう。　一つ10〔40てん〕

(1) (　　)つぶやく　声が　きこえる。

(2) そとは　(　　)と　して　いて　さむい。

(3) よく　はれて　うみが　(　　)ひかる。

(4) えんぴつを　ひろって　あげると、友だちは　(　　)わらった。

きらきら　ぶつぶつ　にっこり　ひんやり

こたえは65ページ

はるねこ (1)

きょうかしょ㊤16〜31ページ

月　日

／100てん　10ぷん

1 □に　あてはまる　漢字(かん)を　書きましょう。　一つ10〔50てん〕

(1) □□(いっつう)の　手がみ。　(2) わか□□(くさいろ)の　糸。

(3) きのうの　□(いま)ごろ。　(4) きれいな　□(こえ)。

(5) □(なに)かが　ある。

2 ——の　言葉(ば)を、漢字と　ひらがなで　書きましょう。　一つ10〔20てん〕

(1) たのしい　ことを　おもいだす。（　　　）

(2) はやく　あそびたい。（　　　）

3 （　）に　あてはまる　言葉を　ア〜ウから　えらんで　記号(ごう)で　こたえましょう。　一つ10〔30てん〕

(1) どんよりと　した　（　）を　見上げる。

(2) （　）は　かさを　さす。

(3) はれて、（　）が　見える。

ア　雨の　日　　イ　お日さま

ウ　くもり空

こたえは65ページ

はるねこ (2)

月　日

／100てん

1 ——の　漢字(かんじ)の　よみがなを　書きましょう。　一つ10〔40てん〕

(1) 先生に　言う。（　　）

(2) 本の　つづきを　読む。（　　）

(3) 見通しを　立てる。（　　）

(4) 音読を　する。（　　）

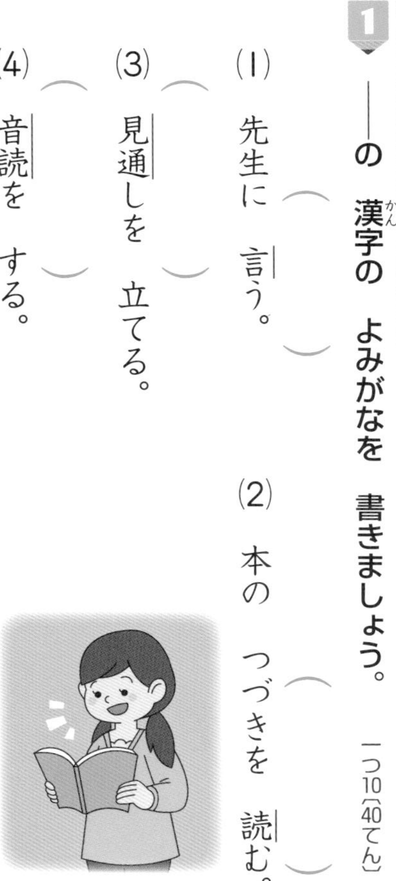

2 ——の　漢字の　よみがなを　書きましょう。　一つ10〔40てん〕

(1)
① 今まで（　　）
② 今度(ど)（　　）

(2)
① 言葉(ば)を　まなぶ。（　　）
② ほう言で　はなす。（　　）

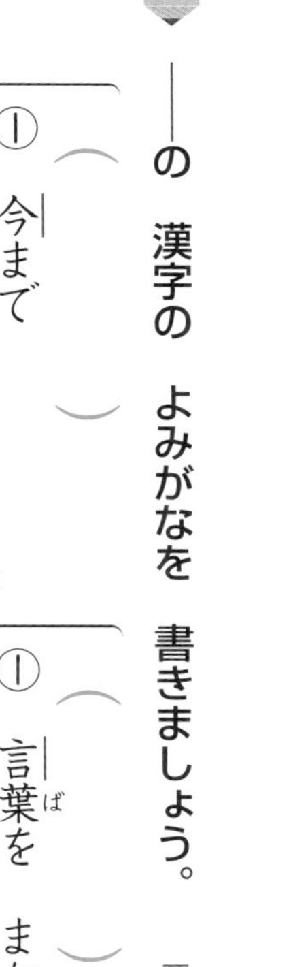

3 （　）に　あてはまる　言葉を　ア～エから　えらんで　記号(ごう)で　こたえましょう。　一つ10〔20てん〕

(1) はずかしそうに（　）しながら　言う。

(2) 声が（　）と　とおざかる。

ア　きらきら　　イ　もじもじ

ウ　だんだん　　エ　しとしと

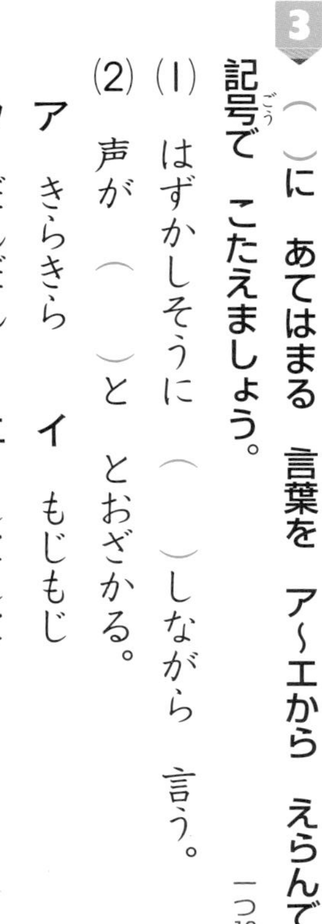

こたえは65ページ

かくにん 3

はるねこ (2)

きょうかしょ㊤16～31ページ

月　日

10ぷん　／100てん

1 □に あてはまる 漢字(かん)を 書きましょう。 一つ10〔60てん〕

(1) わたしが □(い)う。

(2) また □(こん)度(ど)。

(3) まんがを □(よ)む。

(4) 先の □□(みとお)し。

(5) 本の □□(おんどく)。

(6) きれいな □(こと)葉(ば)。

2 ――の ことばを 漢字と ひらがなで 書きましょう。 一つ10〔20てん〕

(1) おもしろいと おもう。（　　）

(2) たねが はいって いる。（　　）

3 つぎの 様子(ようす)を あらわす ことばの いみを ア～エから えらんで、記号(ごう)で こたえましょう。 一つ5〔20てん〕

(1) どんより（　）　(2) そっと（　）

(3) ふわり（　）　(4) ぺこり（　）

ア ものが かるがると うかぶ 様子。

イ あたまを 下げる 様子。

ウ 空が くらく くもる 様子。

エ 音を たてないように する 様子。

こたえは65ページ

きほん 4

ひろい　公園

きょうかしょ㊤32〜36ページ

月　日

10ぷん　／100てん

1 ――の　漢字(かんじ)の　読みがなを　書きましょう。　一つ10〔60てん〕

(1) 公園で　あそぶ。（　　）

(2) しつもんを　聞く。（　　）

(3) みんなで　話しあう。（　　）

(4) 汽車に　のる。（　　）

(5) 星が　きれいだ。（　　）

(6) 同じ　大きさ。（　　）

2 ――の「女」の　読みがなを　書きましょう。　一つ10〔20てん〕

(1) 女の子が　いる。（　　）

(2) 女子を　あつめる。（　　）

3 つぎの　文の　――の　言葉(ことば)に　あう　えの　ほうに、○を　つけましょう。　一つ10〔20てん〕

(1) 川に　かかる　はしを　あるいて　わたる。

ア（　　）　イ（　　）

(2) おりがみを　はさみで　きる。

ア（　　）　イ（　　）

こたえは65ページ

ひろい　公園

きょうかしょ㊤32〜36ページ

月　日

10ぷん　／100てん

1 □に　あてはまる　漢字(かん)を　書きましょう。　一つ10〔70てん〕

(1) 町の　□□(こうえん)。

(2) 雨音を　□(き)く。

(3) □(はな)して　いる　人。

(4) □□(きしゃ)の　きっぷ。

(5) □(ほし)が　ひかる。

(6) □(おな)じ　かたち。

(7) □(いと)を　むすぶ。

2 ——の　言葉(ば)の　いみを　ア・イから　えらんで、——で　むすびましょう。　りょうほうできて一つ10〔30てん〕

(1)
- ① もうふを　かける。・　　・ア　かぶせる。
- ② うまが　かける。・　　・イ　はしる。

(2)
- ① テープを　きる。・　　・ア　みに　つける。
- ② セーターを　きる。・　　・イ　きりはなす。

(3)
- ① ほうたいを　まく。・　　・ア　ちらす。
- ② たねを　まく。・　　・イ　からみつける。

こたえは65ページ

きほん 5 言葉の 文化① 回文を たのしもう 漢字の ひろば① 画と 書きじゅん

きょうかしょ㊤37〜39ページ

月　日

10ぷん　／100点

1 ――の 漢字の 読みがなを 書きましょう。　一つ7〔77点〕

(1) 回文を（　）つくる。

(2) 画数を（　）たしかめる。

(3) あそぶ会を（　）ひらく。

(4) 線を（　）数える。（　）

(5) 点の（　）数。（　）

(6) 木の（　）馬を（　）工作する。（　）

(7) 書き方の（　）じゅんじょ。

(8) とんぼの 羽。（　）

2 正しい 書きじゅんに、○を つけましょう。　一つ5〔15点〕

(1) 竹
- ア（　）ノ ㇐ ⺌ ⺮ ⺮ 竹
- イ（　）ノ ㇐ 亻 ⺈ ⺮ 竹

(2) 水
- ア（　）㇇ 才 才 水
- イ（　）亅 才 才 水

(3) 正
- ア（　）一 丅 下 正 正
- イ（　）一 二 下 正 正

3 回文に なるように、○に ひらがなを 書きましょう。　ぜんぶできて〔8点〕

○たし○けま○たわ

こたえは66ページ

かくにん 5

言葉の 文化① 回文を たのしもう 漢字の ひろば① 画と 書きじゅん

きょうかしょ㊤37～39ページ

月　日

／100点　10ぷん

1 □に あてはまる 漢字を 書きましょう。　一つ8〔64点〕

(1) ながい □□(かいぶん)。

(2) □□(かくすう)が おおい。

(3) うんどう□(かい)

(4) 一本の □(せん)。

(5) □(うま)に のる。

(6) 書き□(かた)が ちがう。

(7) □(こう)作の じかん。

(8) とりの □(はね)。

2 右がわの すう字は、一つの 言葉を つくる 二つの 漢字の かくすうを 足した ものです。□に あてはまる 漢字を ▢から えらんで、（ ）に 書きましょう。　一つ9〔36点〕

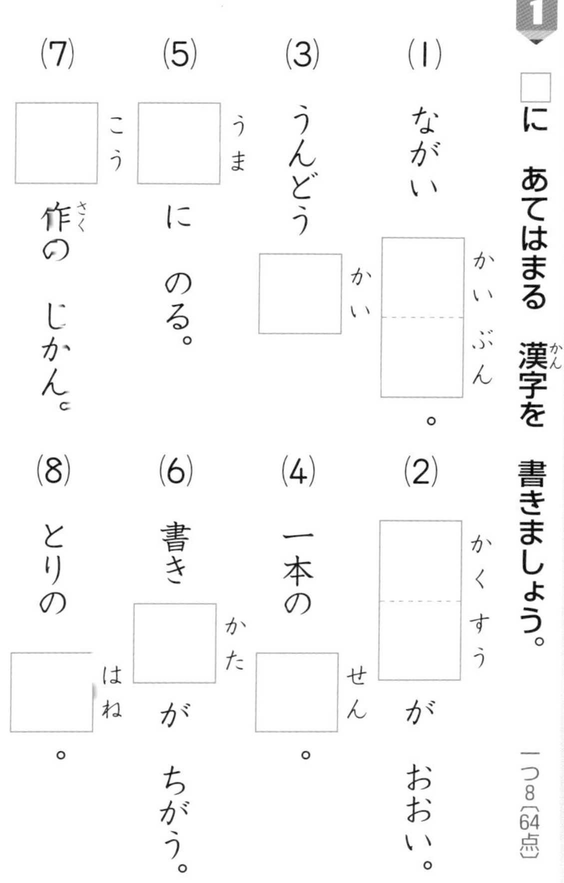

(1) □＋中＝8
（　　）（　　）

(2) □＋右＝10
（　　）（　　）

(3) □＋校＝13
（　　）（　　）

(4) □＋火＝11
（　　）（　　）

水　花
下　左

こたえは66ページ

きょうかしょ㊤40ページ

漢字の ひろば① 一年生で 学んだ 漢字①

月　日

10ぷん

／100点

1 ——の 漢字の 読みがなを 書きましょう。 一つ5〔100点〕

(1) 大きな 川。（　）（　）

(2) 水を のむ。（　）

(3) 名まえを 書く。（　）（　）

(4) 貝を ひろう。（　）

(5) 土を ほる。（　）

(6) 水玉もよう（　）

(7) 木の 上。（　）（　）

(8) 先生の お話を 聞く。（　）（　）

(9) 入学しきの しゃしん。（　）

(10) 白と 赤。（　）（　）

(11) お正月の かざり。（　）

(12) 虫に さされる。（　）

(13) 火が もえる。（　）

(14) 石を とりのぞく。（　）

(15) け糸の セーター。（　）

(16) 一年生に なる。（　）

(17) 学校に いく。（　）

(18) みんなの まえに 立つ。（　）

(19) 入り口を さがす。（　）

(20) つぎの 火曜日。（　）

こたえは66ページ

かくにん 6

きょうかしょ㊤40ページ

漢字(かん)の ひろば① 一年生で 学んだ 漢字①

月　日

10ぷん　／100点

1 □に あてはまる 漢字(かん)を 書きましょう。　ひとつ5〔100点〕

(1) □(かわ)べに □(た)つ。

(2) □(つち)の 中の □(いし)。

(3) 赤い け□□(いとだま)。

(4) □(ひ)を おこす。

(5) 新(しん)□□□(いちねんせい)

(6) □(き)に のぼる。

(7) □(むし)とりに いく。

(8) お□□(しょうがつ)

(9) □□(がっこう)に □(はい)る。

(10) □(みず)色と □(しろ)色。

(11) □(もく)曜日の 朝。

(12) □(かい)がらを ひろう。

(13) □□(せんせい)に □(な)まえを よばれる。

(14) □(げつ)曜日は □□(にゅうがく)しきだ。

こたえは66ページ

きほん 7 すみれと　あり

きょうかしょ㊤42～49ページ

月　日

10ぷん　／100点

1 ——の　漢字（かん）の　読みがなを　書きましょう。　一つ8〔56点〕

(1) 春が　きた。（　　）
(2) 道ばたの　花。（　　）
(3) 高い　山。（　　）
(4) 川に　近い。（　　）
(5) 地面（めん）に　おちる。（　　）
(6) 自分の　す。（　　）
(7) たねを　外に　すてる。（　　）

2 ——の　漢字の　読みがなを　書きましょう。　一つ6〔36点〕

(1)
① 白い　手。（　　）
② 白雪（ゆき）ひめの　話。（　　）
③ 白鳥（ちょう）が　とぶ。（　　）

(2)
① ほう石が　かがやく。（　　）
② 石がきの　すき間（ま）。（　　）
③ じ石と　コンパス。（　　）

3 ——の　言葉（ば）の　いみを　ア～ウから　えらんで、記号（ごう）で　こたえましょう。　一つ4〔8点〕

(1) みが、三つに　さける。（　　）
(2) たねが　つぎつぎと　地面に　おちる。（　　）

ア　すこしずつ。
イ　どんどん　つづいて。
ウ　一つの　ものが　きれて　わかれる。

こたえは66ページ

すみれと　あり

きょうかしょ㊤42～49ページ

月　日

10ぷん　／100点

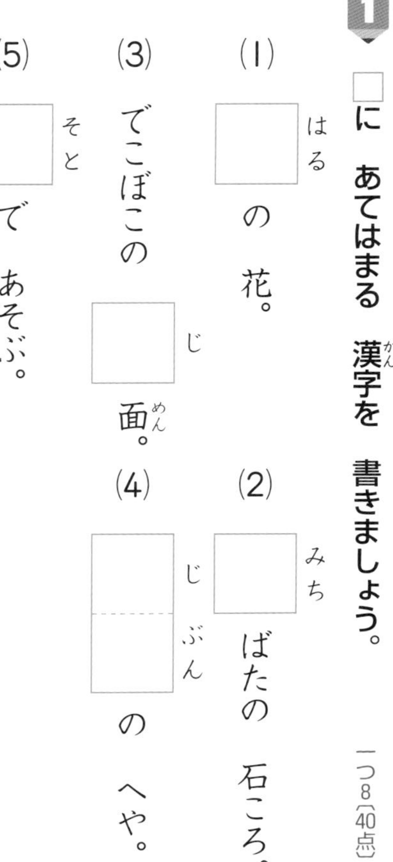

1 □に　あてはまる　漢字（かん）を　書きましょう。　一つ8〔40点〕

(1) □（はる）の　花。
(2) □（みち）ばたの　石ころ。
(3) でこぼこの　□（じ）面（めん）。
(4) □□（じぶん）の　へや。
(5) □（そと）で　あそぶ。

2 ――の　言葉（ば）を、漢字と　ひらがなで　書きましょう。　一つ10〔30点〕

(1) たかい　ビルが　たつ。（　　）
(2) えきに　ちかい　みせ。（　　）
(3) すごいなと　おもう。（　　）

3 つぎの　言葉に　つながる　ものを　下から　えらんで、――で　むすびましょう。　一つ10〔30点〕

(1) どうやら・　　・ア　ここに　さくのでしょうか。
(2) どうして・　　・イ　はこんだのに　すてて　しまいます。
(3) せっかく・　　・ウ　たねは　たべないようです。

こたえは66ページ

きほん 8

きょうかしょ㊤50～61ページ

月　日

かんさつ発見(はっ)カード
言葉(ば)の ひろば① かたかなで 書く 言葉
読書の ひろば① 本で しらべよう

10ぷん　／100点

1 ――の 漢字(かん)の 読みがなを 書きましょう。 一つ10〔60点〕

(1) 色や 形。（　　）
(2) 黄色の 花。（　　）
(3) 外国の 言葉(ば)。（　　）
(4) 人の 名前。（　　）
(5) 絵を かく。（　　）
(6) 図書館(かん)の 本。（　　）

2 横(よこ)書きの 書き方に ついて、正しい ものには ○、ちがう ものには ×を つけましょう。 一つ8〔32点〕

①（　）だんらくの はじめは、一字分 あける。
②（　）点は、かならず 「、」を つかう。
③（　）文字(もじ)は 左から 右に 書く。
④（　）日づけの 数字は 漢字で 書く。

3 図書館で ありの 本を さがす ときに 見る 本だなの ふだは どれですか。一つに ○を つけましょう。 〔8点〕

ア（　）ざっし・しんぶん
イ（　）どうぶつ・人の からだ
ウ（　）しょくぶつ・こんちゅう

こたえは66ページ

かくにん 8

かんさつ発見カード
言葉のひろば① かたかなで書く言葉
読書のひろば① 本でしらべよう

きょうかしょ㊤50〜61ページ

月　日

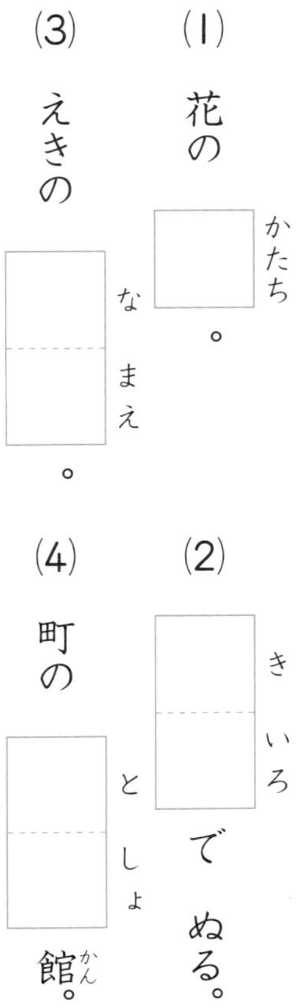

／100点　10ぷん

1 □に あてはまる 漢字を 書きましょう。　一つ8〔32点〕

(1) 花の □（かたち）。

(2) □□（きいろ）で ぬる。

(3) えきの □□（なまえ）。

(4) 町の □□（としょ）館。

2 つぎの 言葉は どの なかまに 分けられますか。ア〜エから えらんで、記号で こたえましょう。　一つ6〔36点〕

(1) インド（　）　(2) ティッシュ（　）
(3) ガシャン（　）　(4) メーメー（　）
(5) パジャマ（　）　(6) ピューピュー（　）

ア 外国から 入って きた 言葉。
イ 外国の、ちめいや 人の なまえ。
ウ どうぶつの なき声。
エ いろいろな 音。

3 つぎの 文の 中から かたかなで 書く 言葉を 見つけて、かたかなに なおして 書きましょう。　一つ8〔32点〕

(1) ぼくは ふらんすに いきたい。（　）

(2) きのう、きゃらめるを かった。（　）

(3) いぬが わんわんと なく。（　）

(4) しんでれらの おはなしを よむ。（　）

こたえは66ページ

きほん 9

きょうかしょ㊤62～65ページ

月　日

10ぷん　／100点

「生きものクイズ」で　しらせよう

1 ――の　漢字(かん)の　読みがなを　書きましょう。　一つ10〔30点〕

(1) クイズを　作る。（　　）

(2) 一週間が　すぎる。（　　）

(3) 答えを　書く。（　　）

2 ――の　漢字の　読みがなを　書きましょう。　一つ8〔40点〕

(1)
① 工作する（　　）
② 正しい　動(どう)作。（　　）

(2)
① 人間と　犬。（　　）
② 間にあう（　　）
③ 点と　点の　間。（　　）

3 (1)～(4)は　「生きものクイズ」を　作る　じゅんばんです。（　）に　あてはまる　言葉(ば)を　ア～ウから　えらんで、記号(ごう)で　答えましょう。　一つ10〔30点〕

(1) クイズに　したい　生きものを（　　）。

(2) クイズに　したい　生きものを（　　）。

(3) クイズに　したい　ないようを　メモに（　　）。

(4) 「生きものクイズ」を　作る。

ア　書く　　イ　きめる　　ウ　しらべる

答えは67ページ

かくにん 9

「生きものクイズ」で　しらせよう

きょうかしょ㊤62～65ページ

月　日

10ぷん　／100点

1 □に　あてはまる　漢字(かん)を　かきましょう。　一つ15〔45点〕

(1) おにぎりを□(つく)る。　(2) □□□(いっしゅうかん)

(3) もんだいの□(こた)え。

2 ――の　言葉(ば)を、漢字と　ひらがなで　かきましょう。　一つ11〔22点〕

(1) この　本を　かいた　人。　（　　）

(2) おもしろい　本を　よもう。　（　　）

3 「生きものクイズ」に　ついて、（　）に　あてはまる　言葉を□から　一つずつ　えらんで、かきましょう。　一つ11〔33点〕

(1) クイズは、（　　）と（　　）から　できて　いる。

(2) （　　）は、しらべて　わかった　ことを　くわしく　かく。

こたえ　　せつめい　　もんだい

こたえは67ページ

きほん 10

漢字の ひろば② なかまの 言葉と 漢字 (1)

月　日

10ぷん　／100点

1 ――の 漢字の 読みがなを 書きましょう。 一つ8〔72点〕

(1) 昼と 夜。（　）（　）

(2) 親と 子。（　）

(3) 兄は 五年生だ。（　）

(4) 父と あそぶ。（　）

(5) 母が ケーキを 作る。（　）

(6) 姉の ピアノ。（　）

(7) 弟の せわを する。（　）

(8) 妹と 絵を かく。（　）

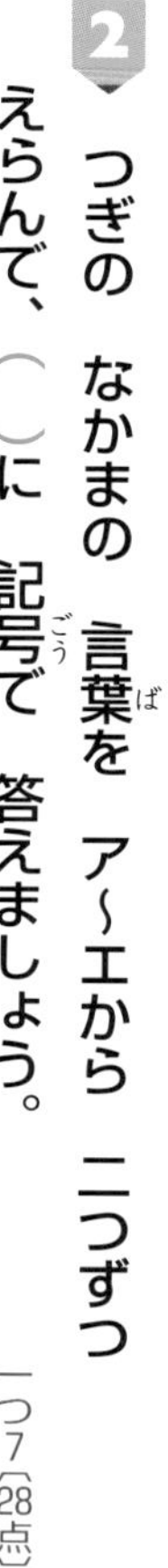

2 つぎの なかまの 言葉を ア〜エから 二つずつ えらんで、（　）に 記号で 答えましょう。 一つ7〔28点〕

(1) 〔数〕

十（　）（　）

ア 上　イ 万　ウ 千　エ 下

(2) 〔一日の 時間の よび方〕

朝（　）（　）

ア 夜　イ 道　ウ 村　エ 昼

答えは67ページ

きょうかしょ㊤66〜67ページ

漢字(かん)の ひろば②
なかまの 言葉(ば)と 漢字 (1)

月　日

10ぷん　／100点

1 □に あてはまる 漢字(かん)を 書きましょう。　一つ9〔72点〕

(1) □(ひる)休みに なる。

(2) □(おや)と 話す。

(3) □(あに)の へや。

(4) □(ちち)と □(はは)。

(5) なかの よい □(あね)。

(6) □(おとうと)と □(いもうと)。

2 それぞれの なかまの 言葉(ば)を ⬚から えらんで、漢字に なおして □に 書きましょう。　一つ7〔28点〕

(1) 黄 — □ — □ — 赤

しろ　もり　ほし
よる　あお　はな

(2) 日 — □ — 火 — 水 — 木 — □ — 土

くさ　げつ　かわ
むし　やま　きん

答えは67ページ

きょうかしょ㊤66～70ページ

漢字の ひろば② なかまの 言葉と 漢字 (2)
言葉の ひろば②
「言葉のなかまさがしゲーム」を しよう

月　日

10ぷん　／100点

1 ——の 漢字の 読みがなを 書きましょう。　一つ10〔60点〕

(1) 人口は 三万人。（　　）

(2) 国語 と 算数。（　　）（　　）

(3) 海へ 行く。（　　）

(4) 内がわの せき。（　　）

(5) あつい 夏。（　　）

2 つぎの 漢字の 中で、なかまに ならない ものを えらんで、記号で 答えましょう。　一つ10〔40点〕

(1) 〔かぞく〕（　　）
ア 父　イ 母　ウ 兄　エ 夜

(2) 〔数〕（　　）
ア 十　イ 円　ウ 千　エ 百

(3) 〔しぜん〕（　　）
ア 町　イ 川　ウ 海　エ 山

(4) 〔曜日〕（　　）
ア 火　イ 月　ウ 星　エ 金

答えは67ページ

かくにん 11

きょうかしょ上66〜70ページ　月　日

漢字の ひろば② なかまの 言葉と 漢字 (2) 言葉の ひろば② 「言葉のなかまさがしゲーム」を しよう

10ぷん　／100点

1 □に あてはまる 漢字を 書きましょう。 一つ10〔60点〕

(1) 一□(まん)円さつ　(2) □□(こくご)が すきだ。

(3) にが手な □□(さんすう)。　(4) □(うみ)と 山。

(5) □(うち)と 外。　(6) □(なつ)が くる。

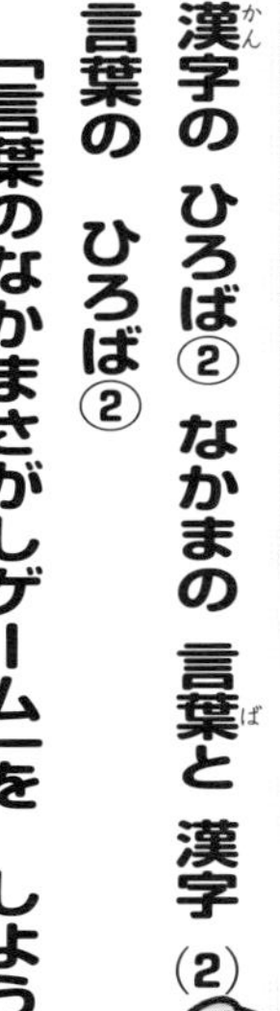

2 □に はんたいの いみの 漢字を 書きましょう。 一つ8〔40点〕

(1) 左 ↔ □　(2) 出 ↔ □

(3) 天 ↔ □　(4) 小 ↔ □

(5) 上 ↔ □

答えは67ページ

きつねの　おきゃくさま　(1)

きょうかしょ㊤72～87ページ

月　　日

10ぷん

／100点

1 ——の　漢字(かん)の　読みがなを　書きましょう。　一つ10〔80点〕

(1) どうする か　考える。（　　）

(2) ひよこを　太らせる。（　　）

(3) 目を　丸くする。（　　）

(4) 心の　中で　言う。（　　）（　　）

(5) 切りかぶに　つまずく。（　　）

(6) さんぽに　行く。（　　）

(7) 親切な　お兄ちゃん。（　　）（　　）

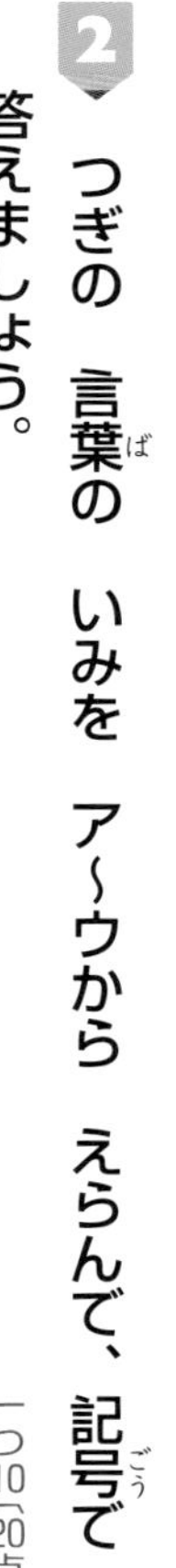

2 つぎの　言葉(ば)の　いみを　ア～ウから　えらんで、記号(ごう)で　答えましょう。　一つ10〔20点〕

(1) きぜつ（　　）　(2) ゆうかん（　　）

ア　からだを　ふるわせて　うごかす　こと。

イ　しばらく　気を　うしなう　こと。

ウ　きけんや　こんなんを　おそれない　様子(よう)。

答えは67ページ

きょうかしょ㊤72～87ページ

きつねの　おきゃくさま　(1)

月　　日

／100点　10ぷん

1 □に　あてはまる　漢字(かん)を　書きましょう。　一つ10〔50点〕

(1) 自分の　□(かんが)え。

(2) □(ふと)った　犬。

(3) □(まる)い　月。

(4) □(こころ)を　こめる。

(5) いっしょに　□(い)く。

2 ――の　読み方を　する　漢字を、□に　書きましょう。　一つ9〔18点〕

(1) ぼくの　あに。／おにいさん　□

(2) 親せつな　人。／糸を　きる。　□

3 （　）に　あてはまる　言葉(ば)を　□から　えらんで、記号(ごう)で　答えましょう。　一つ8〔32点〕

(1) ゆうきが（　　）わく。

(2) スイカに（　　）かぶりつく。

(3) こわくて（　　）ふるえる。

(4) うしろを（　　）ついていく。

ア　そうっと
イ　ぶるると
ウ　りんりんと
エ　がぶりと

答えは67ページ

きほん 13

きょうかしょ㊤72～93ページ

きつねの おきゃくさま (2)
言葉(ば)の 文化(か)③ いなばの しろうさぎ
言葉の ひろば③ うれしく なる 言葉

月　日

10ぷん　／100点

1 ——の 漢字(かん)の 読みがなを 書きましょう。　一つ8〔88点〕

(1) 父さんと 母さん。（　）（　）
(2) 姉さんと あそぶ。（　）
(3) すな場で あそぶ。（　）
(4) 音楽の 才が ある。（　）（　）
(5) 作文を 読み合う。（　）
(6) ころんだ 時。（　）
(7) 元気が 出る。（　）
(8) 写生(しゃ)会の 時間。（　）
(9) 絵が 上手だ。（　）

2 （　）に あてはまる 言葉(ば)を ア～エから えらんで 記号(ごう)で 答えましょう。　一つ3〔12点〕

(1) 体中(からだ)が（　）して いたい。
(2) うさぎが（　）と とぶ。
(3) かなしくて 大声で（　）なく。
(4) おどろいて 目を（　）させる。

ア おいおい　イ ぴょん
ウ ぱちぱち　エ ひりひり

答えは67ページ

かくにん 13

きつねの おきゃくさま (2)
言葉の 文化③ いなばの しろうさぎ
言葉の ひろば③ うれしく なる 言葉

きょうかしょ㊤72〜93ページ

月　日

10ぷん　／100点

1 □に あてはまる 漢字を 書きましょう。 一つ9〔72点〕

(1) お□(かあ)さん

(2) 公園の すな□(ば)。

(3) □(さい)のうが ある。

(4) 話し□(あ)う

(5) 小さかった □(とき)。

(6) □□(げんき)な 人。

(7) □□(じかん)が たつ。

(8) □□(じょうず)な うた。

2 ——の 読み方を する 漢字を □に 書きましょう。 一つ7〔28点〕

(1) {おとうさん / ちちの 日。} □

(2) {あねに 会う。 / おねえさん} □

(3) {たのしい 海。 / 音がく} □

(4) {うえの 方。 / 水じょう / うきあがる} □

答えは68ページ

きほん 14

きょうかしょ㊤96～101ページ

月　日

話したいな、聞きたいな、夏休みのこと
漢字のひろば③
二つの漢字でできている言葉

／100点

1 ——の漢字の読みがなを書きましょう。　一つ5〔60点〕

(1) 三人で組む。（　　）
(2) 新年になる。（　　）
(3) 子牛をかう。（　　）
(4) 親鳥がとぶ。（　　）
(5) 朝市へ行く。（　　）
(6) 弓と矢。（　　）（　　）
(7) 毛糸をつかってあむ。（　　）
(8) 電車にのる。（　　）
(9) 古い門をくぐる。（　　）（　　）
(10) たいようの光。（　　）

2 つぎの言葉の読みがなを（　）に、いみを〔　〕に、〈れい〉のように書きましょう。　一つ4〔40点〕

〈れい〉 小石 → （こいし）〔小さな石〕

(1) 青空 → （　　）〔　　〕
(2) 前日 → （　　）〔　　〕
(3) 大声 → （　　）〔　　〕
(4) 外出 → （　　）〔　　〕
(5) 休日 → （　　）〔　　〕

答えは68ページ

かくにん 14

きょうかしょ㊤96〜101ページ　月　日

話したいな、聞きたいな、夏休みのこと
漢字のひろば③ 二つの漢字でできている言葉

10ぷん　／100点

1 □にあてはまる漢字を書きましょう。　一つ11〔55点〕

(1) うでを□(く)む。

(2) めでたい□□(しんねん)。

(3) □□(おやどり)の羽。

(4) □□(あさいち)でかう。

(5) 赤色の□□(でんしゃ)。

2 つぎの言葉から、〈れい〉のように二つの漢字でできた言葉を書きましょう。　一つ10〔30点〕

〈れい〉大きい空 → （大空）

(1) 兄と弟 → （　　）

(2) 早い朝 → （　　）

(3) 海の水 → （　　）

3 上と下の漢字を——でむすんで、言葉を作りましょう。　一つ5〔15点〕

(1) 時・　・道

(2) 車・　・書

(3) 読・　・間

答えは68ページ

漢字のひろば③
一年生で学んだ漢字②

月　日

／100点

1 ——の漢字の読みがなを書きましょう。　一つ5〔100点〕

(1) 七まいのカード。（　）

(2) 四人兄弟（　）

(3) お金をもらう。（　）

(4) 兄は力持ちだ。（　）

(5) ベンチで休む。（　）

(6) 三びきの犬。（　）

(7) 二本のえんぴつ。（　）

(8) 入り口と出口。（　）（　）

(9) 竹馬であそぶ。（　）

(10) 九時に外出する。（　）（　）

(11) 千円の本。（　）

(12) 五百円のおこづかい。（　）

(13) すご六のこま。（　）

(14) 八十円のペン。（　）

(15) 強力なみかた。（　）

(16) 日本の人口。（　）

(17) りょう金をはらう。（　）

(18) 休日のよてい。（　）

答えは68ページ

かくにん 15

漢字（かん）のひろば③ 一年生で学んだ漢字②

きょうかしょ㊤102ページ

月　日

10ぷん　／100点

1 □にあてはまる漢字（かん）を書きましょう。　一つ5〔100点〕

(1) 入り□（ぐち）にならぶ。

(2) □（さん）びきのねこ。

(3) □□（せんえん）のお□（かね）。

(4) □（ちから）持（も）ちの□□（よにん）。

(5) □□（にほん）めのバナナ。

(6) □（ろく）メートル

(7) □□（でぐち）で□（やす）む。

(8) □□（ごひゃく）グラム

(9) □□（はちじゅう）度（ど）のおゆ。

(10) ごぜん□□（くじ）。

(11) □□（たけうま）にのる。

(12) □（なな）まいのかみ。

(13) 町の□□（じんこう）。

(14) □□（きゅうじつ）のりょう□（きん）。

(15) 兄と□□（がいしゅつ）する。

(16) 強（きょう）□（りょく）な風（かぜ）。

答えは68ページ

わにのおじいさんのたからもの

きょうかしょ㊤104～117ページ

月　日

／100点

1 ——の漢字の読みがなを書きましょう。　一つ8〔72点〕

(1) 頭が下がる。（　　）

(2) 野山をあるく。（　　）

(3) 体のまわり。（　　）

(4) 半分うまる。（　　）

(5) 長いたび。（　　）

(6) 顔をあらう。（　　）

(7) 紙に書く。（　　）

(8) 谷川に出る。（　　）

(9) 岩あな（　　）

2 ——の言葉のいみをア～エからえらんで、記号で答えましょう。　一つ7〔28点〕

(1) 休みの日は心おきなくねることができる。（　　）

(2) おにの子はたからものとはえんがない。（　　）

(3) たくさんあるいてそうとうつかれている。（　　）

(4) おにがたからものをそっくりもっていく。（　　）

ア　しんぱいすることなく。

イ　ぜんぶ。

ウ　かんけいがない。

エ　かなり。

答えは68ページ

かくにん 16

わにのおじいさんのたからもの

きょうかしょ㊤104〜117ページ

月　日

10分　／100点

1 □にあてはまる漢字を書きましょう。（一つ8〔56点〕）

(1) □（あたま）と□（かお）。

(2) □（からだ）をきたえる。

(3) □□（はんぶん）のこす。

(4) □（なが）いはし。

(5) □□（たにがわ）に下りる。

(6) 大きな□（いわ）。

2 ――の読み方をする漢字を□に書きましょう。（一つ8〔16点〕）

(1) {<u>の</u>山に行く。／<u>や</u>生の牛。} □

(2) {白い<u>かみ</u>。／新聞<u>し</u>} □

3 つぎの場所（しょ）をあらわす言葉（ば）のいみをア〜エからえらんで、記号（ごう）で答えましょう。（一つ7〔28点〕）

(1) けもの道（　）　(2) とうげ（　）

(3) 水ぎわ（　）　(4) つりばし（　）

ア　山道をのぼりつめたところ。

イ　水面（めん）と地面のさかい目。

ウ　どうぶつが何度（ど）も通り、しぜんにできた道。

エ　たにや川などにつなをわたしてつくったはし。

答えは68ページ

きほん 17

きょうかしょ㊤118～119ページ

月　日

10分

／100点

言葉のひろば④ はんたいのいみの言葉、にたいみの言葉

1 ——の漢字の読みがなを書きましょう。 一つ7〔28点〕

(1) 力が強い人。（　　）
(2) 雨に弱い紙。（　　）
(3) 細いペンの先。（　　）
(4) きょうの星空。（　　）

2 ——の漢字の読みがなを書きましょう。 一つ7〔42点〕

(1) ① 強力なてき。（　　）
　　② 雨が強まる。（　　）
(2) ① 弱点がわかる。（　　）
　　② 気もちが弱る。（　　）
(3) ① こん虫の細ぼう。（　　）
　　② 細かい文字。（　　）

3 つぎの言葉とにたいみの言葉を□からえらんで、漢字で書きましょう。 一つ10〔30点〕

(1) お母さん ——（　　）
(2) 友だち ——（　　）
(3) 言葉 ——（　　）

げんご	ははおや	ゆうじん

答えは68ページ

言葉のひろば④
はんたいのいみの言葉、にたいみの言葉

きょうかしょ㊤118～119ページ

月　日

10分

／100点

1 □にあてはまる漢字を書きましょう。　一つ10〔30点〕

(1) 水に□(つよ)いふく。

(2) じゃんけんが□(よわ)い。

(3) 体が□(ほそ)い虫。

2 つぎの言葉とはんたいのいみの言葉を［　］からえらんで、漢字とひらがなで書きましょう。　一つ10〔30点〕

(1) 出る ⟷ （　　）

(2) ひくい ⟷ （　　）

(3) 新しい ⟷ （　　）

［　たかい　ふるい　はいる　］

3 つぎの言葉とにたいみの言葉を下からえらんで、――でむすびましょう。　一つ10〔40点〕

(1) くだもの　・　　・ア　きれいだ

(2) うつくしい　・　　・イ　ひらく

(3) あける　・　　・ウ　通り

(4) 道路　・　　・エ　フルーツ

答えは69ページ

きほん18 町の「すてき」をつたえます

月　日

10分　／100点

1 ——の漢字(かん)の読みがなを書きましょう。　一つ8〔40点〕

(1) 生活科のじゅぎょう。（　　）

(2) しちょうかく室に入る。（　　）

(3) 大人になる。（　　）

(4) 理由(ゆう)を話す。（　　）

(5) くわしく知る。（　　）

2 小さく書く字すべてに○をつけましょう。ぜんぶできて一つ14〔28点〕

(1) きょうは三時にきゅうけいした。

(2) やおやさんでかぼちゃをかった。

3 たんけんでわかったことをつたえる文章(しょう)の書き方で、正しいものには○を、正しくないものには×をつけましょう。　一つ8〔32点〕

①（　）たんけんしてわかったことは、メモをとらないでおぼえておく。

②（　）「はじめ」「中」「おわり」に、何を書くかを考えてから、書く。

③（　）自分が思ったことは、「～そうです。」という言い方で書く。

④（　）たんけんする場所(しょ)をえらんだ理由は、「～からです。」という言い方で書く。

答えは69ページ

かくにん 18

町の「すてき」をつたえます

きょうかしょ㊤120～125ページ

月　日

10分　／100点

1 □にあてはまる漢字を書きましょう。　一つ10〔40点〕

(1) □□□(せいかつか)の時間。　(2) しちょうかく□(しつ)

(3) □□(おとな)と子ども。　(4) □(り)由(ゆう)を聞く。

2 ——の読み方をする漢字を、□に書きましょう。　一つ10〔20点〕

(1) { と|書館(かん) / 地|ずを見る。} □

(2) { ひみつをし|る。 / ち|しき } □

3 (　)に、「からです」か「そうです」のどちらかをえらんで、書きましょう。　一つ10〔40点〕

(1) わたしは春がすきです。どうしてかというと、花がたくさんさく(　　　　)。

(2) おじさんにおしえてもらったところ、おまつりは今度(ど)の土曜日だ(　　　　)。

(3) お兄さんによると、日本チームのゆうしょうは、かくじつなのだ(　　　　)。

(4) ぼくはいつも公園をはしっています。どうしてかというと、足がはやくなりたい(　　　　)。

答えは69ページ

さけが大きくなるまで

きょうかしょ㊦8〜19ページ

月　日

10分

／100点

1 ――の漢字（かん）の読みがなを書きましょう。　一つ8〔80点〕

(1) 北の国のくらし。（　　）

(2) 大きな魚。（　　）

(3) 秋のえんそく。（　　）

(4) 冬はさむい。（　　）

(5) 広いへや。（　　）

(6) からい食べもの。（　　）

(7) もとの川へ帰る。（　　）

(8) 東から日がのぼる。（　　）

(9) 西に日がしずむ。（　　）

(10) 南のしまへ行く。（　　）

2 ◯には、それぞれ同じひらがなが入ります。◯にあてはまるひらがなを（　）に書きましょう。　一つ10〔20点〕

(1) いく日◯いく日◯かかって、川を下る。（　　）

(2) 魚は、たきをこえ、川上◯川上◯とすすむ。（　　）

答えは69ページ

かくにん 19

さけが大きくなるまで

きょうかしょ㊦8～19ページ

月　日

／100点　10分

1 □にあてはまる漢字（かん）を書きましょう。　一つ9〔36点〕

(1) □（さかな）をそだてる。　(2) 道が□（ひろ）い。

(3) 外国の□（た）べもの。　(4) いえに□（かえ）る。

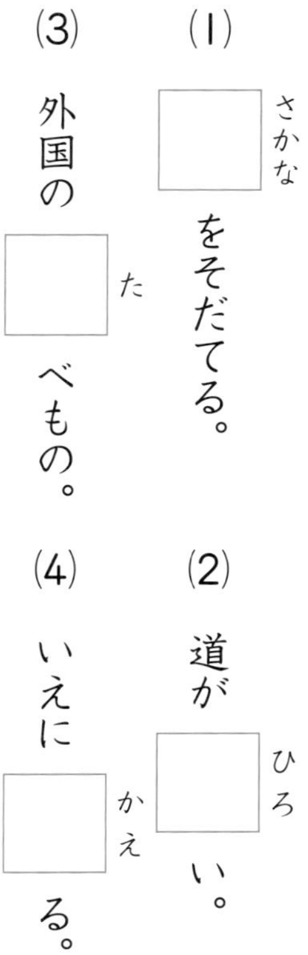

2 □にあてはまる同じなかまの漢字を書きましょう。　一つ7〔56点〕

(1) きせつ　□（はる）・□（なつ）・□（あき）・□（ふゆ）

(2) ほうがく　□（ひがし）・□（にし）・□（みなみ）・□（きた）

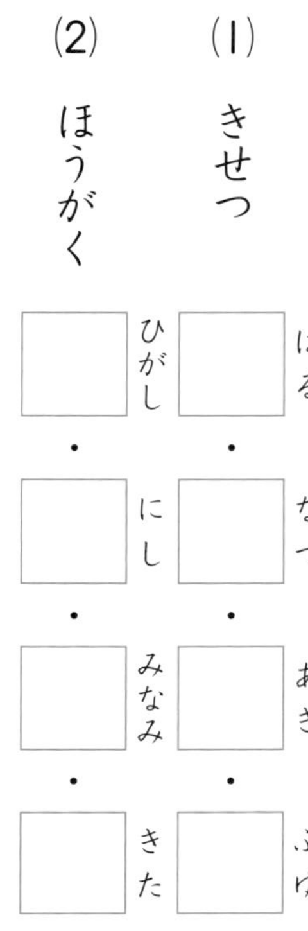

3 （　）にあてはまる、じゅんじょをあらわす言葉（ば）をア～ウからえらんで、記号（ごう）で答えましょう。　〔8点〕

バスは、この道をまっすぐ行きます。（　　）、すぐに右へまがります。

ア　つまり　　イ　そして　　ウ　やがて

答えは69ページ

きょうかしょ㊦28～32ページ　月　日

10分　／100点

おもしろいもの、見つけたよ
言葉（ことば）の文化（ぶんか）④
「あいうえお」であそぼう

1 ――の漢字（かんじ）の読みがなを書きましょう。　一つ8〔40点〕

(1) 少しかたい。（　　　）
(2) 文を書く。（　　　）
(3) 声に出す。（　　　）
(4) 絵にかく。（　　　）
(5) 名前をよぶ。（　　　）

2 ――の漢字の読みがなを書きましょう。　一つ7〔28点〕

(1) ① 青い色の車。（　　　）
　　② 三色ボールペン（　　　）
(2) ① 少年の心。（　　　）
　　② 雨が少ない。（　　　）

3 （　）にあてはまる言葉（ことば）を、□からえらんで書きましょう。　一つ8〔32点〕

(1) かみの毛が（　　　）している。
(2) （　　　）した赤ちゃんのほお。
(3) とがったものの先は（　　　）する。
(4) 夜空の星が（　　　）光る。

ちくちく　ぴかぴか　すべすべ　ふさふさ

答えは69ページ

おもしろいもの、見つけたよ
言葉(ば)の文化(か)④
「あいうえお」であそぼう

きょうかしょ㊦28～32ページ

月　日

10分　／100点

1 □にあてはまる漢字(かん)を書きましょう。　一つ15〔30点〕

(1) □(すこ)し休む。

(2) □(え)がうまい。

2 右から読むと一つの言葉(ば)になるように、（　）にひらがなを書きましょう。　ぜんぶできて〔40点〕

（　）い曜日の

（　）んとうには、

（　）んごと

（　）いすきな

（　）ちごが入っているよ。

3 （　）にあてはまる言葉を、□からえらんで書きましょう。　一つ10〔30点〕

(1) 赤ちゃんが（　　　）ねむる。

(2) 公園を（　　　）あるき回る。

(3) 雨が（　　　）ふる。

ザーザー　すやすや　ぶらぶら

答えは69ページ

ないた赤おに (1)

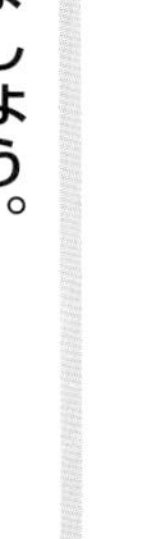

／100点

1 ——の漢字(かん)の読みがなを書きましょう。 一つ10〔80点〕

(1) 一けんの家。（　　）

(2) 頭に角が生える。（　　）

(3) 本当にあった話。（　　）

(4) 戸をあける。（　　）

(5) 首をまげる。（　　）

(6) お茶をいれる。（　　）

(7) 草を引きぬく。（　　）

(8) 毎日まっている。（　　）

2 ——の言葉(ば)のいみとして正しいほうに、○をつけましょう。 一つ10〔20点〕

(1) いちもくさんににげる。

ア（　）手をとり合っていっしょにはしる様子(よう)。

イ（　）わき目もふらずにひっしにはしる様子。

(2) いきをきらしてやってくる。

ア（　）くるしそうにいきをする様子。

イ（　）大きなこきゅうをする様子。

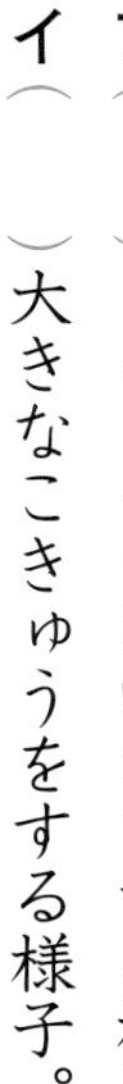

答えは69ページ

きょうかしょ㊦34〜55ページ

ないた赤おに (1)

月　日

10分

／100点

1 □にあてはまる漢字(かん)を書きましょう。　一つ9〔72点〕

(1) □(いえ)に帰る。

(2) とがった□(つの)。

(3) □□(ほんとう)のこと。

(4) □(と)をしめる。

(5) □(くび)をのばす。

(6) お□(ちゃ)をのむ。

(7) つなを□(ひ)く。

(8) □□(まいにち)会う。

2 （　）にあてはまる言葉(ば)を、□から一つずつえらんで書きましょう。　一つ7〔28点〕

(1) まどから（　　　）顔を出す。

(2) まけて、（　　　）もどってくる。

(3) けんかをして、（　　　）する。

(4) これは、（　　　）やくに立たない。

すごすごと	むしゃくしゃ
ちっとも	ひょっこり

答えは69ページ

きほん 22

きょうかしょ㊦34〜59ページ

ないた赤おに (2)
読書の広場③ 「お話びじゅつかん」を作ろう

月　日

10分　／100点

1 ――の漢字(かん)の読みがなを書きましょう。　一つ10〔50点〕

(1) 遠い山。（　　）
(2) まとに当てる。（　　）
(3) 後ろのせき。（　　）
(4) 二かいの教室。（　　）
(5) かかりを交代(たい)する。（　　）

2 ――の漢字の読みがなを書きましょう。　一つ5〔30点〕

(1)
① 夕食のカレー。（　　）
② 大食いの弟。（　　）
③ おかしを食べる。（　　）

(2)
① 山から下りる。（　　）
② 山道を下る。（　　）
③ つくえの下。（　　）

3 ――の言葉(ば)が正しくつかわれているほうに、○をつけましょう。　一つ10〔20点〕

(1)
ア（　）いまいましい。だれもあそんでくれない。
イ（　）みんなと楽しくあそんでいまいましい。

(2)
ア（　）とてもかなしくてあっけにとられる。
イ（　）びっくりしてあっけにとられる。

答えは70ページ

ないた赤おに (2)
読書の広場③
「お話びじゅつかん」を作ろう

きょうかしょ㊦34〜59ページ

月　日

／100点

1 □にあてはまる漢字(かん)を書きましょう。　一つ10〔50点〕

(1) □(とお)い国の話。

(2) はしらに□(あ)てる。

(3) れつの□(うし)ろ。

(4) □□(きょうしつ)に入る。

(5) □(こう)代(たい)の時間。

2 ——の言葉(ば)を、漢字とひらがなで書きましょう。　一つ8〔32点〕

(1) やさしいおにだとおもう。（　　　）

(2) つよくつつまれをする。（　　　）

(3) 村人が村にかえる。（　　　）

(4) 自分でかんがえる。（　　　）

3 つぎの言葉のいみを下からえらんで、——でむすびましょう。　一つ6〔18点〕

(1) 目をとめる。　・　　・ア　おこる。

(2) きもをつぶす。　・　　・イ　びっくりする。

(3) はらを立てる。　・　　・ウ　よく見る。

答えは70ページ

きほん 23

教科書 下 60〜67ページ

「クラスお楽しみ会」をひらこう
漢字の広場④　漢字のつかい方と読み方

月　日

10分　／100点

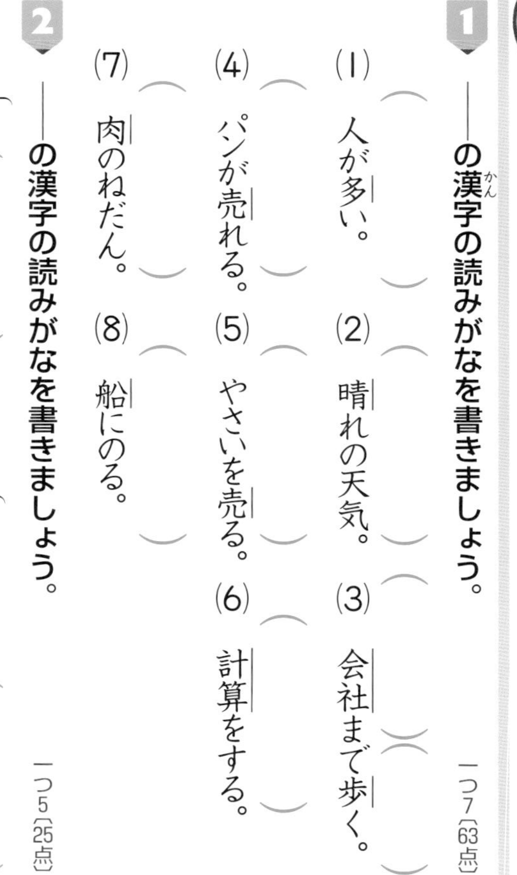

1 ——の漢字の読みがなを書きましょう。　一つ7〔63点〕

(1) 人が多い。（　　）（　　）
(2) 晴れの天気。（　　）
(3) 会社まで歩く。（　　）（　　）（　　）
(4) パンが売れる。（　　）
(5) やさいを売る。（　　）
(6) 計算をする。（　　）
(7) 肉のねだん。（　　）
(8) 船にのる。（　　）

2 ——の漢字の読みがなを書きましょう。　一つ5〔25点〕

(1)
① 後で本を読む。（　　）
② 後ろにならぶ。（　　）
③ くもり後、晴れ。（　　）

(2)
① はりに糸を通す。（　　）
② ピアノ教室に通う。（　　）

3 つぎの言葉に合うものを下から一つずつえらんで、——でむすびましょう。　一つ3〔12点〕

(1) 手紙を　・　　・ア　出る。
(2) 家を　・　　・イ　出す。
(3) 赤ちゃんが　・　　・ウ　生きる。
(4) 九十さいまで　・　　・エ　生まれる。

答えは70ページ

かくにん 23

教科書㊦60〜67ページ

月　日

10分　／100点

「クラスお楽しみ会」をひらこう
漢字の広場④　漢字のつかい方と読み方

1 □にあてはまる漢字を書きましょう。　一つ8〔48点〕

(1) □(は)れの日。

(2) □□(かいしゃ)から帰る。

(3) 公園を□(ある)く。

(4) ケーキが□(う)れる。

(5) □□(けいさん)がはやい。

(6) やき□(にく)を食べる。

2 つぎの文に合うおくりがなとなるよう、（　）にひらがな一字を書きましょう。　一つ9〔36点〕

(1) ① 細（　）ひも。
　　② 細（　）いもよう。

(2) ① 先生が教（　）る。
　　② 先生に教（　）る。

3 （　）にあてはまる言葉を、□からえらんで書きましょう。　一つ8〔16点〕

(1) わたしはうさぎがすきです。どうしてかというと、かわいい（　　　）。

(2) わたしも、林さんと同じで大なわとびがいいと（　　　）。

からです	はずです	思います

答えは70ページ

きほん 24

教科書㊦68ページ

漢字の広場④ 一年生で学んだ漢字③

月　日

10分

／100点

1 ――の漢字の読みがなを書きましょう。　一つ5〔100点〕

(1) つくえの上。

(2) 文をきれいな字で書く。

(3) 大すきなケーキ。

(4) 天気よほうを見る。

(5) 目がさめる。

(6) 手をつなぐ。

(7) 早おきがとくいだ。

(8) 大きくて白い犬。

(9) うわさを耳にする。

(10) テーブルの下。

(11) 中くらいのサイズ。

(12) 雨音を聞く。

(13) 足をそろえる。

(14) 小学生になる。

(15) むかしの王様。

(16) 早朝にさんぽをする。

(17) 音楽の先生。

(18) 工場を見学する。

答えは70ページ

かくにん 24

漢字(かん)の広場④ 一年生で学んだ漢字③

教科書㊦68ページ

月　日

10分　／100点

1 □にあてはまるかんじを書きましょう。　一つ5〔100点〕

(1) □□(てんき)がよい。

(2) □(みみ)をうたがう。

(3) □□□(しょうがっこう)の門。

(4) □(おお)きな□(め)。

(5) 紙の□(うえ)と□(した)。

(6) 家の□(なか)に入る。

(7) □□(あまおと)が聞こえる。

(8) □□(すいちゅう)めがね

(9) ていねいに□(じ)を書く。

(10) □(だい)すきな本。

(11) □(はや)おきのしゅうかん。

(12) えらい□(おう)様(さま)。

(13) □(て)と□(あし)。

(14) □(ちい)さな□(いぬ)。

(15) テレビを□(み)る。

(16) □(ぶん)を作る。

答えは70ページ

きほん 25

教科書 下 70～83ページ

ジャンプロケットを作ろう おもちゃのせつめい書を書こう

月　日

10分　／100点

1 ——の漢字の読みがなを書きましょう。　一つ10〔20点〕

(1) はっしゃ台ができる。（　　）

(2) 点と点の間。（　　）

2 ——の漢字の読みがなを書きましょう。　一つ10〔50点〕

(1)
① 工作をする。（　　）
② おもちゃを作る。（　　）
③ 作ぎょうの時間。（　　）

(2)
① 紙を切る。（　　）
② 新聞紙（　　）

3 ①～④は目玉やきを作るじゅんじょです。（　）にあてはまる言葉を、□からえらんで書きましょう。　一つ10〔30点〕

①（　　）、フライパンにあぶらを入れてあたためる。

②（　　）、たまごをわってフライパンに入れる。

③ そして、ふたをして弱い火でやく。

④（　　）、しおを少しふり入れておさらにうつす。

つぎに　さいごに　まず

答えは70ページ

かくにん 25

ジャンプロケットを作ろう
おもちゃのせつめい書を書こう

教科書㊦70〜83ページ

月　日

10分

／100点

1 □にあてはまる漢字(かんじ)を書きましょう。　一つ10〔20点〕

(1) はっしゃ□(だい)

(2) はねの□(かず)。

2 ——の言葉(ことば)を、漢字とおくりがなで書きましょう。　一つ10〔50点〕

(1) 友だちとなかよく<u>はなす</u>。（　　）

(2) <u>たのしい</u>絵本になる。（　　）

(3) <u>おなじ</u>ものを作る。（　　）

(4) 新聞紙を<u>まるめる</u>。（　　）

(5) 玉を<u>たかく</u>なげる。（　　）

3 せつめい書を書くときに正しいものには○、正しくないものには×をつけましょう。　一つ6〔30点〕

①（　）せつめいするじゅんじょのとおりに書く。

②（　）組み立ては考えずに、すきに書いてよい。

③（　）じゅんじょをしめすばんごうをつかう。

④（　）じゅんじょをしめす言葉はつかわない。

⑤（　）作った時のくふうは、書かない。

答えは70ページ

教科書㊦88～105ページ

かさこじぞう (1)

月　日

／100点

1 ——の漢字の読みがなを書きましょう。　一つ7〔70点〕

(1) もちを買う。（　　）
(2) 店がある。（　　）
(3) 村の野っ原。（　　）
(4) 母が来る。（　　）
(5) 風がふく。（　　）
(6) 雪がふる。（　　）
(7) お米をたく。（　　）
(8) みんなで歌う。（　　）
(9) 電車が止まる。（　　）
(10) 自分のもの。（　　）

2 つぎの言葉のいみをア～オからえらんで、記号で答えましょう。　一つ6〔30点〕

(1) 土間（　　）
(2) 長者（　　）
(3) はずれ（　　）
(4) ざしき（　　）
(5) 大みそか（　　）

ア　中心からはなれたところ。
イ　その年のおわりの日。
ウ　たたみのしいてあるへや。
エ　大金持ち。
オ　家の中で、ゆかのない地面のままのところ。

答えは71ページ

かくにん 26

かさこじぞう (1)

教科書㊦88〜105ページ

月　日

10分

／100点

1 □にあてはまる漢字（かん）を書きましょう。　一つ6〔36点〕

(1) □（みせ）で魚を□（か）う。　(2) 広い□□（のはら）。

(3) □（かぜ）で□（ゆき）がまう。　(4) 楽しく□（うた）う。

2 （　）にあてはまる言葉（ば）を、┆┆から一つずつえらんで書きましょう。　一つ8〔24点〕

(1) （　　）空を見ると、にじがかかっていた。

(2) このもんだいは（　　）わからない。

(3) 三日つづいた雨が（　　）あがった。

さっぱり　　やっと　　ふと

3 つぎの言葉に合うものを下からえらんで、――でむすびましょう。　一つ10〔40点〕

(1) 耳を　・　　・ア　引く。

(2) 声を　・　　・イ　かぶせる。

(3) ふたを・　　・ウ　すます。

(4) そりを・　　・エ　はり上げる。

答えは71ページ

きほん 27

教科書(下)88〜113ページ

かさこじぞう(2)／かるたであそぼう 言葉の広場⑤ 主語とじゅつ語 漢字の広場⑤ 同じ読み方の漢字

月　日

10分 ／100点

1 ――の漢字の読みがなを書きましょう。 一つ8〔56点〕

(1) 池がこおる。（　　）
(2) 里山でくらす。（　　）
(3) お寺の門。（　　）
(4) 麦がみのる。（　　）
(5) 東京都（　　）
(6) 当番になる。（　　）
(7) いわし雲（　　）

2 ――の「正」の読みがなを書きましょう。 一つ5〔20点〕

(1) 正月（　　）
(2) 正門（　　）
(3) 正しい（　　）
(4) 正に（　　）

3 つぎの文は、主語とじゅつ語がどんな形になっていますか。ア〜エからえらんで、記号で答えましょう。 一つ6〔24点〕

(1) すずきさんは図書がかりだ。（　　）
(2) お母さんはやさしい。（　　）
(3) 花火が上がる。（　　）
(4) 弟もわらった。（　　）

ア　だれ(何)が―どうする　　イ　だれ(何)は―なんだ
ウ　だれ(何)は―どんなだ　　エ　だれ(何)も―どうした

答えは71ページ

かくにん 27

かさこじぞう ⑵／かるたであそぼう
言葉の広場⑤ 主語とじゅつ語
漢字の広場⑤ 同じ読み方の漢字

教科書㊦88〜113ページ

月　日

10分　／100点

1 □にあてはまる漢字を書きましょう。　一つ8〔40点〕

⑴ □（いけ）の魚。

⑵ □（むぎ）がそだつ。

⑶ □□（とうきょう）都（と）

⑷ □□（とうばん）をかわる。

⑸ いわし□（ぐも）が広がる。

2 ——の漢字と同じ読み方ではない漢字をえらんで、記号で答えましょう。　一つ10〔30点〕

⑴ 学校の友だち。（　）
ア 交　イ エ　ウ 公　エ タ

⑵ 生活科の時間。（　）
ア 下　イ 夏　ウ 家　エ 戸

⑶ 先生と話す。（　）
ア 船　イ 晴　ウ 線　エ 千

3 つぎの文から、主語とじゅつ語を書きぬきましょう。　一つ5〔30点〕

	主語	じゅつ語
⑴ ぼくは二年生だ。	（　）	（　）
⑵ 花がうつくしい。	（　）	（　）
⑶ 雪がつもる。	（　）	（　）

答えは71ページ

きほん 28

教科書 下 114～121ページ

こんなことができるようになったよ
言葉の広場⑥ 音や様子をあらわす言葉

月　日

／100点

1 ——の漢字の読みがなを書きましょう。　一つ8〔40点〕

(1) 公園で走る。（　　）
(2) くせを直す。（　　）
(3) 用紙をくばる。（　　）
(4) 鳥が鳴く。（　　）
(5) 電話が鳴る。（　　）

2 （　）にあてはまる言葉を、□からえらんで書きましょう。　一つ10〔40点〕

(1) 日やけでせなかが（　　　）する。
(2) 風せんが（　　　）とんでいる。
(3) 白いうさぎが（　　　）はねる。
(4) かみなりが（　　　）鳴る。

ぴょんぴょん　ゴロゴロ
ふわふわ　ひりひり

3 かなづかいの正しいほうに、○をつけましょう。　一つ10〔20点〕

(1)
ア（　）妹わまだ三さいです。
イ（　）妹はまだ三さいです。

(2)
ア（　）きのう公園へ行きました。
イ（　）きのう公園え行きました。

答えは71ページ

教科書 ㊦ 114～121ページ

こんなことができるようになったよ
言葉の広場⑥ 音や様子をあらわす言葉

月　日

10分　／100点

1 □にあてはまる漢字を書きましょう。　一つ10〔40点〕

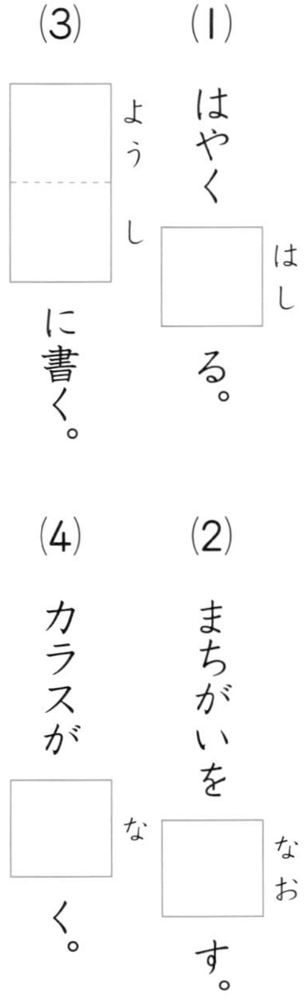

(1) はやく□(はし)る。
(2) まちがいを□(なお)す。
(3) □□(ようし)に書く。
(4) カラスが□(な)く。

2 （　）にあてはまる言葉を、□からえらんで書きましょう。　一つ10〔30点〕

(1) 友だちと本のかんそうを（　　）。
(2) 作文を、声に出して（　　）。
(3) 文章を上手に（　　）。

組み立てる　つたえ合う　読みかえす

3 つぎの文にかぎ（「　」）を一組み、丸（。）を二つ、点（、）を三つ、つけましょう。　一つ5〔30点〕

いちろうは　なぞに　ついて
すべて　わかるよ
と　言って　いた

答えは71ページ

きほん 29

教科書 ㊦ 122〜123ページ

漢字の広場⑥ 組み合わせてできている漢字

月　日

／100点

1 ――の漢字の読みがなを書きましょう。 一つ8〔40点〕

(1) 発明する（　　）

(2) おもちゃの刀。（　　）

(3) 夜明け（　　）

(4) 頭で計算する。（　　）

(5) 日記を書く。（　　）

2 つぎの漢字で七番目に書くところを、えんぴつでなぞりましょう。 一つ8〔32点〕

(1) 組　(2) 聞　(3) 夜　(4) 秋

3 〈れい〉にならって、漢字の足し算をしましょう。 一つ7〔28点〕

〈れい〉 一 ＋ 白 → 百

(1) 心＋田→□

(3) 鳥＋口→□

(2) 日＋門→□

(4) 言＋売→□

答えは71ページ

かくにん 29

教科書 下 122～123ページ

漢字の広場⑥ 組み合わせてできている漢字

月　日

10分　／100点

1 □にあてはまる漢字を書きましょう。（一つ10〔30点〕）

(1) 電話の発（はっ）□（めい）。

(2) むかしの□（かたな）。

(3) □□（よあ）けの空。

2 つぎの□の中にあてはまるものを□から一つずつえらんで、できた言葉を□□に書きましょう。（一つ14〔70点〕）

(1) 日

日□・間 → ①□□

日□・天 → ②□□

(2) 木

木□・人 → ①□□

森・木□ → ②□□

学・木□ → ③□□

寸　寺　交　木　青

答えは71ページ

きほん 30

教科書㊦124ページ

漢字の広場⑥　一年生で学んだ漢字④

月　日

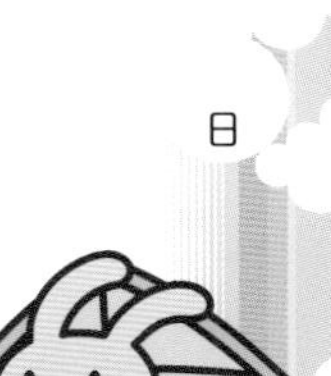

10分　／100点

1 ——の漢字の読みがなを書きましょう。　一つ5〔100点〕

(1) 男の人。（　）
(2) 小さな花。（　）
(3) 赤いくつ。（　）
(4) すぎの林。（　）
(5) 遠くの山。（　）
(6) 子どもの本。（　）
(7) 右手ではしをもつ。（　）
(8) 草が生える。（　）
(9) きれいな夕日。（　）
(10) 森の生きもの。（　）
(11) となり町に行く。（　）
(12) 村はずれの家。（　）
(13) 青い絵のぐ。（　）
(14) 空に雲がうかぶ。（　）
(15) 左がわを見る。（　）
(16) 女の人がいる。（　）
(17) 父の車にのる。（　）
(18) 田んぼのなえ。（　）
(19) 左右をよく見る。（　）
(20) 森林であそぶ。（　）

答えは72ページ

漢字の広場⑥ 一年生で学んだ漢字④

教科書㊦124ページ

月　日

10分

／100点

1 □にあてはまる漢字を書きましょう。　一つ5〔100点〕

(1) □□（ゆうひ）がしずむ。

(2) □（みぎ）にまがる。

(3) □（まち）のおまつり。

(4) □（あお）い□（そら）。

(5) □（やま）の□（はやし）。

(6) □（むら）の人たち。

(7) 市□□（ちょうそん）

(8) □（くるま）のめんきょ。

(9) □（た）んぼのあぜ道。

(10) □（ひだり）足を上げる。

(11) せの高い□（おとこ）の人。

(12) □（もり）へつづく道。

(13) □（おんな）の□（こ）

(14) □（あか）い□（はな）がさく。

(15) じどう□（しゃ）にのる。

(16) にわの□（くさ）とり。

答えは72ページ

きほん 31

教科書㊦126〜143ページ

アレクサンダとぜんまいねずみ

月　日

／100点

1 ――の漢字の読みがなを書きましょう。　一つ13〔26点〕

(1) その日の午後。（　　　）

(2) 黒のペンで書く。（　　　）

2 つぎの言葉のいみをア〜オからえらんで、記号で答えましょう。　一つ10〔50点〕

(1) ひみつめかす（　）　(2) ちやほや（　）

(3) うらやむ（　）　(4) 四方八方（　）

(5) なかんばかり（　）

ア　自分もそうなりたいと思う。

イ　今にもなき出してしまいそうな様子。

ウ　相手のきげんをとる様子。

エ　ひみつのようにふるまう。

オ　あちらこちら。

3 〈れい〉と同じいみで――の言葉がつかわれているものに、○をつけましょう。　一つ12〔24点〕

〈れい〉まほうのとかげがすんでいるそうだ。

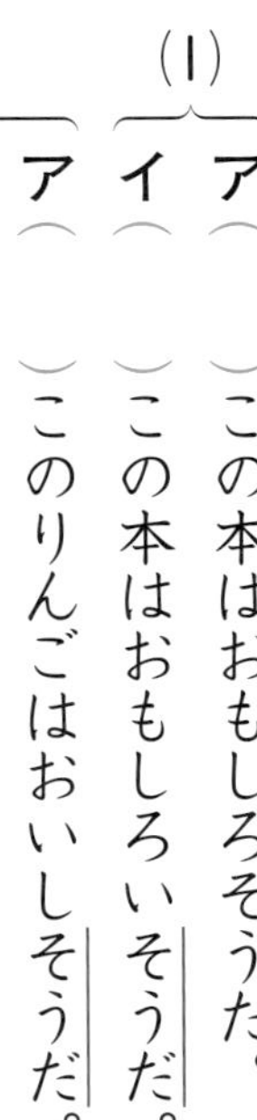

(1) ア（　）この本はおもしろそうだ。
　　イ（　）この本はおもしろいそうだ。

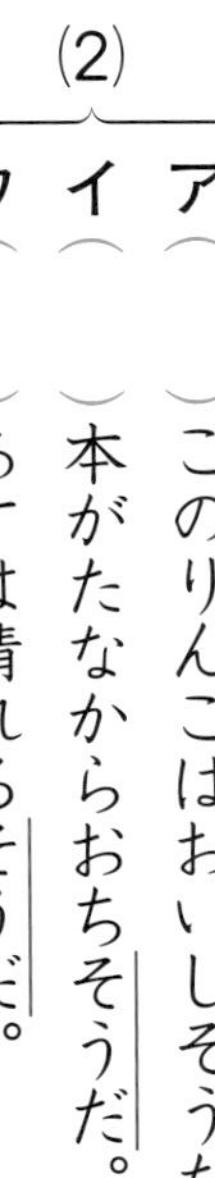

(2) ア（　）このりんごはおいしそうだ。
　　イ（　）本がたなからおちそうだ。
　　ウ（　）あすは晴れるそうだ。

答えは72ページ

教科書㊦126～143ページ

アレクサンダとぜんまいねずみ

月　日

10分

／100点

1 □にあてはまる漢字（かん）を書きましょう。　一つ9〔18点〕

(1) 日曜日の□□（ごご）。　(2) □（くろ）と白のもよう。

2 つぎの言葉（ば）に合うものを下から一つずつえらんで、――でむすびましょう。　一つ10〔50点〕

(1) ねじを　・　　・ア　くらむ。
(2) 悲（ひ）鳴を　・　　・イ　つく。
(3) 時を　・　　・ウ　まく。
(4) ためいきを　・　　・エ　すごす。
(5) 光に目が　・　　・オ　あげる。

3 （　）にあてはまる言葉を、□からえらんで書きましょう。　一つ8〔32点〕

(1) うんどうをして、おなかが（　　）だ。
(2) 本番を前に、むねが（　　）する。
(3) 何かがうごいて、はっぱが（　　）鳴った。
(4) てつぼうをして、目が（　　）回る。

ぐるぐる　どきどき
ぺこぺこ　がさがさ

答えは72ページ

1　3・4ページ

1 (1)か　(2)にっき　(3)せいかつ
(4)にちようび　(5)あさ　(6)とも

2 イ→エ→ウ→ア

★★★

1 (1)書　(2)日記　(3)生活
(4)日曜日　(5)朝　(6)友

2 (1)ちいさい　(2)おおきい
(3)おおきい　(4)ちいさい

2　5・6ページ

1 (1)いっつう　(2)くさいろ
(3)おも　(4)いま　(5)こえ　(6)なに

2 (1)ぶつぶつ　(2)ひんやり
(3)きらきら　(4)にっこり

★★★

1 (1)一通　(2)草色　(3)今　(4)声
(5)何

2 (1)思い出す　(2)早く

3 (1)ウ　(2)ア　(3)イ

3　7・8ページ

1 (1)い　(2)よ　(3)みとお
(4)おんどく

2 (1)①いま　②こん
(2)①こと　②げん

3 (1)イ　(2)ウ

★★★

1 (1)言　(2)今　(3)読　(4)見通
(5)音読　(6)言

2 (1)思う　(2)入って

3 (1)ウ　(2)エ　(3)ア　(4)イ

4　9・10ページ

1 (1)こうえん　(2)き　(3)はな
(4)きしゃ　(5)ほし　(6)おな

2 (1)おんな　(2)じょ

3 (1)イ　(2)ア

★★★

1 (1)公園　(2)聞　(3)話　(4)汽車
(5)星　(6)同　(7)糸

2 (1)①ア　②イ
(2)①イ　②ア　(3)①イ　②ア

5 11・12ページ

1 (1)かいぶん (2)かくすう
(3)かい (4)せん・かぞ
(5)てん・かず (6)うま・こう
(7)かた (8)はね

2 (1)イ (2)イ (3)ア

3 わ・ま・し

★★★

1 (1)回文 (2)画数 (3)会 (4)線
(5)馬 (6)方 (7)エ (8)羽

2 (1)水 (2)左 (3)下 (4)花

6 13・14ページ

1 (1)かわ (2)みず (3)な
(4)かい (5)つち (6)たま (7)き
(8)せんせい (9)にゅうがく
(10)しろ (11)しょうがつ (12)むし
(13)ひ (14)いし (15)いと
(16)いちねんせい (17)がっこう
(18)た (19)い (20)か

★★★

1 (1)川・立 (2)土・石 (3)糸玉
(4)火 (5)一年生 (6)木 (7)虫
(8)正月 (9)学校・入 (10)水・白
(11)木 (12)貝 (13)先生・名
(14)月・入学

7 15・16ページ

1 (1)はる (2)みち (3)たか
(4)ちか (5)じ (6)じぶん (7)そと

2 (1)①しろ ②しら ③はく
(2)①せき ②いし ③しゃく

3 (1)ウ (2)イ

★★★

1 (1)春 (2)道 (3)地 (4)自分
(5)外

2 (1)高い (2)近い (3)思う

3 (1)ウ (2)ア (3)イ

8 17・18ページ

1 (1)かたち (2)きいろ
(3)がいこく (4)なまえ (5)え
(6)としょ

2 (1)○ (2)× (3)○ (4)×

3 ウ

★★★

1 (1)形 (2)黄色 (3)名前 (4)図書

2 (1)イ (2)ア (3)エ (4)ウ
(5)ア (6)エ

3 (1)フランス (2)キャラメル
(3)ワンワン (4)シンデレラ

9　19・20ページ

1 (1)つく　(2)いっしゅうかん　(3)こた

2 (1)①さく　②さ　(2)①げん　②ま　③あいだ

3 (1)イ　(2)ウ　(3)ア

★★★

1 (1)作　(2)一週間　(3)答

2 (1)書いた　(2)読もう

3 (1)（じゅんじょなし）もんだい・こたえ　(2)せつめい

10　21・22ページ

1 (1)ひる・よる　(2)おや　(3)あに　(4)ちち　(5)はは　(6)あね　(7)おとうと　(8)いもうと

2 （じゅんじょなし）(1)イ・ウ　(2)ア・エ

★★★

1 (1)昼　(2)親　(3)兄　(4)父・母　(5)姉　(6)弟・妹

2 (1)（じゅんじょなし）白・青　(2)月・金

11　23・24ページ

1 (1)まん　(2)こくご・さんすう　(3)うみ　(4)うち　(5)なつ

2 (1)エ　(2)イ　(3)ア　(4)ウ

★★★

1 (1)万　(2)国語　(3)算数　(4)海　(5)内　(6)夏

2 (1)右　(2)入　(3)地　(4)大　(5)下

12　25・26ページ

1 (1)かんが　(2)ふと　(3)まる　(4)こころ　(5)き　(6)い　(7)しんせつ・にい

2 (1)イ　(2)ウ

★★★

1 (1)考　(2)太　(3)丸　(4)心　(5)行

2 (1)見　(2)切

3 (1)ウ　(2)エ　(3)イ　(4)ア

13　27・28ページ

1 (1)とう・かあ　(2)ねえ　(3)ば　(4)おんがく・さい　(5)あ　(6)とき　(7)げんき　(8)じかん　(9)じょうず

2 (1)エ　(2)イ　(3)ア　(4)ウ

★★★

1 (1)母 (2)場 (3)才 (4)合
(5)時 (6)元気 (7)時間 (8)上手

2 (1)父 (2)姉 (3)楽 (4)上

14 29・30ページ

1 (1)く (2)しんねん (3)こうし
(4)おやどり (5)あさいち
(6)ゆみ・や (7)けいと
(8)でんしゃ (9)ふる・もん
(10)ひかり

2 (1)あおぞら・青い空
(2)ぜんじつ・前の日
(3)おおごえ・大きい(大きな)声
(4)がいしゅつ・外に(外へ)出る
(5)きゅうじつ・休みの日(休む日)

★★★

1 (1)組 (2)新年 (3)親鳥
(4)朝市 (5)電車

2 (1)兄弟 (2)早朝 (3)海水

3 (1)時間 (2)車道 (3)読書

15 31・32ページ

1 (1)しち(なな) (2)よにん
(3)かね (4)ちから (5)やす
(6)さん (7)にほん
(8)ぐち・でぐち (9)たけうま
(10)くじ・がいしゅつ (11)せんえん
(12)ごひゃく (13)ろく

(14)はちじゅう (15)りょく
(16)じんこう (17)きん
(18)きゅうじつ

★★★

1 (1)口 (2)三 (3)千円・金
(4)力・四人 (5)二本 (6)六
(7)出口・休 (8)五百 (9)八十
(10)九時 (11)竹馬 (12)七
(13)人口 (14)休日・金 (15)外出
(16)力

16 33・34ページ

1 (1)あたま (2)のやま
(3)からだ (4)はんぶん
(5)なが (6)かお (7)かみ
(8)たにがわ (9)いわ

2 (1)ア (2)ウ (3)エ (4)イ

★★★

1 (1)頭・顔 (2)体 (3)半分
(4)長 (5)谷川 (6)岩

2 (1)野 (2)紙

3 (1)ウ (2)ア (3)イ (4)エ

17 35・36ページ

1 (1)つよ (2)よわ (3)ほそ
(4)ほしぞら

2 (1)①きょう ②つよ
(2)①じゃく ②よわ

(3)①さい　②こま

3 (1)母親　(2)友人　(3)言語

★★★

1 (1)強　(2)弱　(3)細

2 (1)入る　(2)高い　(3)古い

3 (1)エ　(2)ア　(3)イ　(4)ウ

18　37・38ページ

1 (1)せいかつか　(2)しつ

(3)おとな　(4)り　(5)し

2 (1)き㊤うは三時にき㊥うけいした。

(2)やおやさんでかぼち㊦をか㊧た。

3 ①×　②○　③×　④○

★★★

1 (1)生活科　(2)室　(3)大人　(4)理

2 (1)図　(2)知

3 (1)からです　(2)そうです

(3)そうです　(4)からです

19　39・40ページ

1 (1)きた　(2)さかな　(3)あき

(4)ふゆ　(5)ひろ　(6)た　(7)かえ

(8)ひがし　(9)にし　(10)みなみ

2 (1)も　(2)へ

★★★

1 (1)魚　(2)広　(3)食　(4)帰

2 (1)（じゅんに）春・夏・秋・冬

(2)（じゅんに）東・西・南・北

3 イ

20　41・42ページ

1 (1)すこ　(2)か　(3)こえ　(4)え

(5)なまえ

2 (1)①いろ　②しょく

(2)①しょう　②すく

3 (1)ふさふさ　(2)すべすべ

(3)ちくちく　(4)ぴかぴか

★★★

1 (1)少　(2)絵

2 (じゅんに)す・べ・り・だ・い

3 (1)すやすや　(2)ぶらぶら

(3)ザーザー

21　43・44ページ

1 (1)いえ　(2)つの　(3)ほんとう

(4)と　(5)くび　(6)ちゃ　(7)ひ

(8)まいにち

2 (1)イ　(2)ア

★★★

1 (1)家　(2)角　(3)本当　(4)戸

(5)首　(6)茶　(7)引　(8)毎日

2 (1)ひょっこり　(2)すごすごと

(3)むしゃくしゃ　(4)ちっとも

22 45・46ページ

1 (1)とお (2)あ (3)うし
(4)きょうしつ (5)こう

2 (1)①しょく ②ぐ ③た
(2)①お ②くだ ③した

3 (1)ア (2)イ

★★★

1 (1)遠 (2)当 (3)後 (4)教室
(5)交

2 (1)思う (2)強く (3)帰る
(4)考える

3 (1)ウ (2)イ (3)ア

23 47・48ページ

1 (1)おお (2)は
(3)かいしゃ・ある (4)う (5)う
(6)けいさん (7)にく (8)ふね

2 (1)①あと ②うし ③のち
(2)①とお ②かよ

3 (1)イ (2)ア (3)エ (4)ウ

★★★

1 (1)晴 (2)会社 (3)歩 (4)売
(5)計算 (6)肉

2 (1)①い ②か
(2)①え ②わ

3 (1)からです (2)思います

24 49・50ページ

1 (1)うえ (2)ぶん・じ
(3)だい (4)てんき・み
(5)め (6)て (7)はや (8)いぬ
(9)みみ (10)した (11)ちゅう
(12)あまおと (13)あし
(14)しょうがくせい (15)おう
(16)そうちょう (17)おんがく
(18)けんがく

★★★

1 (1)天気 (2)耳 (3)小学校
(4)大・目 (5)上・下 (6)中
(7)雨音 (8)水中 (9)字 (10)大
(11)早 (12)王 (13)手・足 (14)小・犬
(15)見 (16)文

25 51・52ページ

1 (1)だい (2)あいだ

2 (1)①さく ②つく ③さ
(2)①かみ ②し

3 ①まず ②つぎに
④さいごに

★★★

1 (1)台 (2)数

2 (1)話す (2)楽しい (3)同じ
(4)丸める (5)高く

3 ①○ ②× ③○ ④×
⑤×

26 53・54ページ

1 (1)か (2)みせ (3)の(っ)ぱら (4)く (5)かぜ (6)ゆき (7)こめ (8)うた (9)と (10)じぶん

2 (1)オ (2)エ (3)ア (4)ウ (5)イ

★★★

1 (1)店・買 (2)野原 (3)風・雪 (4)歌

2 (1)ふと (2)さっぱり (3)やっと

3 (1)ウ (2)エ (3)イ (4)ア

27 55・56ページ

1 (1)いけ (2)さとやま (3)てら (4)むぎ (5)とうきょう (6)とうばん (7)ぐも

2 (1)しょう (2)せい (3)ただ (4)まさ

3 (1)イ (2)ウ (3)ア (4)エ

★★★

1 (1)池 (2)麦 (3)東京 (4)当番 (5)雲

2 (1)エ (2)エ (3)イ

3 (主語（しゅご）・じゅつ語のじゅんに)

(1)ぼくは・二年生だ

(2)花が・うつくしい

(3)雪が・つもる

28 57・58ページ

1 (1)はし (2)なお (3)ようし (4)な (5)な

2 (1)ひりひり (2)ふわふわ (3)ぴょんぴょん (4)ゴロゴロ

3 (1)イ (2)ア

★★★

1 (1)走 (2)直 (3)用紙 (4)鳴

2 (1)つたえ合う (2)読みかえす (3)組み立てる

3 いちろうは、なぞに ついて、「すべて わかるよ。」と、言って いた。

29 59・60ページ

1 (1)めい (2)かたな (3)よあ (4)けいさん (5)にっき

2 (1)組 (2)間 (3)夜 (4)秋

3 (1)思 (2)間 (3)鳴 (4)読

★★★

1 (1)明 (2)刀 (3)夜明

2 (1)①時間 ②晴天 (2)①村人 ②森林 ③学校

61・62ページ

1
(1)おとこ (2)はな (3)あか
(4)はやし (5)やま (6)こ
(7)みぎ (8)くさ (9)ゆうひ
(10)もり (11)まち (12)むら
(13)あお (14)そら (15)ひだり
(16)おんな (17)くるま (18)た
(19)さゆう (20)しんりん

★★★

1
(1)夕日 (2)右 (3)町 (4)青・空
(5)山・林 (6)村 (7)町村 (8)車
(9)田 (10)左 (11)男 (12)森
(13)女・子 (14)赤・花 (15)車
(16)草

31

63・64ページ

1
(1)ごご (2)くろ

2
(1)エ (2)ウ (3)ア (4)オ
(5)イ

3
(1)イ (2)ウ

★★★

1
(1)午後 (2)黒

2
(1)ウ (2)オ (3)エ (4)イ
(5)ア

3
(1)ぺこぺこ (2)どきどき
(3)がさがさ (4)ぐるぐる

3 2 1 0 9 8 7 6 5 4 ＊＊ D C B A

得点表

学習日と得点を記録しましょう。

69 点までのとき	70 ～ 89 点のとき	90 ～ 100 点のとき

「しるし」の顔マークをぬってね。

きほん

回	学習日	得点	しるし
1	／		
2	／		
3	／		
4	／		
5	／		
6	／		
7	／		
8	／		
9	／		
10	／		
11	／		
12	／		
13	／		
14	／		
15	／		
16	／		
17	／		
18	／		
19	／		
20	／		
21	／		
22	／		
23	／		
24	／		
25	／		
26	／		
27	／		
28	／		
29	／		
30	／		
31	／		

かくにん

回	学習日	得点	しるし
1	／		
2	／		
3	／		
4	／		
5	／		
6	／		
7	／		
8	／		
9	／		
10	／		
11	／		
12	／		
13	／		
14	／		
15	／		
16	／		
17	／		
18	／		
19	／		
20	／		
21	／		
22	／		
23	／		
24	／		
25	／		
26	／		
27	／		
28	／		
29	／		
30	／		
31	／		

ISBN978-4-581-04150-8

C6381 ¥660E

定価 660円
(本体600円＋税10%)

1回10分！
教科書がわかる！

文理「教科書ドリル」シリーズ　発行一覧

		1ねん	2年	3年	4年	5年	6年
国語	東京書籍版	●	●	●	●	●	●
	教育出版版	●	●	●	●	●	●
	光村図書版	●	●	●	●	●	●
算数	東京書籍版	●	●	●	●	●	●
	啓林館版	●	●	●	●	●	●
	学校図書版	●	●	●	●	●	●
	教育出版版	●	●	●	●	●	●
社会	全教科書対応	—	—	●	●	●	●
理科	全教科書対応	—	—	●	●	●	●
漢字	全教科書対応	●	●	●	●	●	●
計算	全教科書対応	たし算	たし算・ひき				と計算
	全教科書対応	ひき算	かけ算九九				
文章題 数・量・図形	全教科書対応	文章題	文章題				章題・図形
	全教科書対応	数・量・図形	数・量・図				
	全教科書対応	とけい	時こくと時				—

ク
かたが
わかります
★3段階の構成で、無理なく力がつく！
★くわしい解説と役に立つふろくつき！
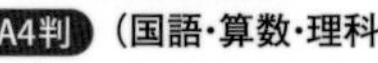
A4判 (国語・算数・理科・社会・英語)

この本についてのご意見をお寄せください。
https://portal.bunri.jp/questionnaire.html

年　組
名前

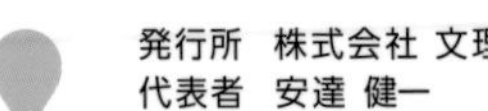
発行所　株式会社 文理
代表者　安達 健一

〒141-8426　東京都品川区西五反田2-11-8
電話 0570-05-1950(ナビダイヤル)
ホームページ https://www.bunri.co.jp/

◆カバーデザイン　大滝奈緒子　◆本文デザイン　清原一隆(KIYO DESIGN)
◆カバーイラスト　サナダシン　◆キャラクターデザイン　小林未歩